Dépôt légal avril 1989 - N° d'édition 89010
Imprimé en Italie
3ème impression - S.C.

histoire vraie

Le professeur est en colère

Texte :
Claude Clément

Images :
Christel Desmoinaux

FLEURUS ENFANTS

ÉDITIONS FLEURUS, 11, rue Duguay-Trouin 75006 PARIS

D’habitude, le maître est plutôt
du genre patient. Heureusement,

parce que, costaud comme il est, s'il lui prenait l'envie de se mettre en colère, ce serait absolument terrible... Les jours normaux, Monsieur Michalon est même très gentil. Il appelle les filles de la classe : « Mes petites copines » et les garçons : « Mes petits potes ».

Avec lui, l'école, c'est très intéressant. Et puis Monsieur Michalon ressemble aux instituteurs qu'on voit dans les vieux films à la télé :
il porte une longue blouse grise et il se tient derrière un bureau de bois perché sur une estrade.
A la récréation, il organise des parties de foot sensationnelles.

Même les filles adorent ça !
La preuve, c'est que Maria-Luisa est devenue la meilleure gardienne de but de tout le quartier.

Mais ce matin, tout a commencé de travers. Thomas marchait dans la rue, sur le trottoir, quand il a vu le maître passer près de lui à Mobylette. Il lui a crié joyeusement :

– Bonjour, Monsieur Michalon !

Le maître a tourné la tête vers lui, et c'est là que les choses se sont gâtées. Le facteur arrivait à bicyclette dans l'autre sens...

Monsieur Michalon, qui regardait Thomas, s'est écarté de sa route, et les deux engins se sont tamponnés. Toutes les lettres du facteur se sont éparpillées dans le caniveau. Monsieur Michalon, lui, a disparu dans un trou que des ouvriers venaient juste de creuser pour réparer des tuyaux sous la chaussée.

En tombant, il a poussé un grand cri. Thomas s'est penché au bord du trou et il a demandé poliment :
– Ça va, Monsieur Michalon ?

Mais personne n'a répondu.
Thomas n'a entendu que des phrases bizarres dans le genre de : « Bon sang de bon sang de tonnerre de pas possible ! » Et plein d'autres gros mots qu'il connaissait beaucoup mieux. Puis il a laissé les ouvriers s'efforcer de retirer le maître du trou.

13

Dans la cour de l'école, tout le monde connaissait déjà la nouvelle. Les enfants attendaient que Monsieur Michalon soit sorti de son trou pour entrer dans la classe. Pour une fois, ils formaient un rang impeccable parce que quelque chose leur disait qu'autrement ça risquait de mal se passer.
Thomas surtout. Il n'avait jamais été aussi sage. Quand Muriel lui a dit que son survêtement était moche et qu'il sentait le suppositoire, il n'a même pas répondu.

Il paraît qu'une fois sorti de son trou Monsieur Michalon n'a pas pu venir tout de suite à l'école parce que le facteur était furieux. Il exigeait que le maître ramasse toutes les lettres dans le caniveau et qu'il fasse la distribution à sa place tandis qu'il irait faire réparer sa bicyclette. A quatre pattes dans le ruisseau,

Monsieur Michalon était complètement trempé. Comme les enveloppes étaient également mouillées, il lui était très difficile de lire correctement les adresses et de mettre le courrier dans les bonnes boîtes à lettres. C'est pourquoi, ce matin-là, il y a eu beaucoup de gens surpris dans le quartier lorsqu'ils ont reçu des lettres d'amour qui ne leur étaient pas adressées.

Et des parents reçurent des carnets de notes de petits garçons ou de petites filles qui n'étaient pas les leurs.
Finalement, Monsieur Michalon est arrivé à l'école. Son veston était tout sale et, quand il l'a ôté pour enfiler sa blouse, on voyait encore très bien que son pantalon était tout troué aux genoux. Mais personne n'a osé rigoler à cause de la Mobylette. Le maître ne l'avait pas garée dans la cour, comme d'habitude, parce qu'il n'y avait plus de Mobylette !

13

Dans cet espèce de méli-mélo, tout le monde avait oublié que c'était le jour de la photo de classe. En voyant le photographe arriver, Monsieur Michalon a baissé les yeux, d'un air contrarié, sur son pantalon mouillé et déchiré. Le maître a fait ranger les élèves par ordre de taille, mais il a refusé de poser avec eux.

Le photographe aurait sans doute mieux fait de ne pas insister parce qu'à partir de là la situation n'a fait que se dégrader.

Chaque fois que le prétendu petit oiseau s'apprêtait à sortir de l'appareil, Monsieur Michalon se mettait à éternuer parce que, à force de patauger dans le caniveau et de se balader avec son pantalon mouillé, il avait fini par s'enrhumer.
Le photographe s'est énervé.
Mais il n'osait pas se fâcher contre le maître.

Il s'est contenté de gronder Katia, qui avait les lunettes de travers, et Rachid, qui regardait par terre en cherchant le chewing-gum qu'il venait de faire tomber. Katia s'est mise à pleurnicher et Rachid a commencé à mâcher un énorme chewing-gum tout neuf qui lui déformait la joue comme une balle de ping-pong.

Le photographe a fini par prendre la photo quand même et il est parti sans dire au revoir à personne. Tout le monde s'est dit que, cette photo-souvenir, il ne faudrait surtout pas oublier de la faire acheter aux parents, juste pour voir si on y remarquait les trous du pantalon de Monsieur Michalon.

La classe a pu enfin commencer et il faut avouer que, pour la première fois, ce n'était pas vraiment intéressant.
Le maître n'avait pas la tête à ce qu'il faisait. De temps en temps, il interrompait la leçon pour dire qu'il allait prendre une assurance spéciale contre les élèves dangereux.

Il disait aussi qu'il allait démissionner et... bonjour la retraite à quarante-cinq ans !

326425
+349387
248193
978257
+346618
+732441
784421
+108775
+973213

Les enfants n'y comprenaient rien, pas plus qu'aux additions à six chiffres que Monsieur Michalon écrivait à toute vitesse au tableau en cassant ses morceaux de craie. Tout ce qu'ils comprenaient, c'est qu'il valait mieux se tenir tranquille. Surtout Thomas ! Ce n'était pas le jour de demander des explications, ni de réclamer la permission de se rendre aux toilettes.

Thomas sentait que la journée avait très mal commencé et que ça risquait bien de continuer.

Rien qu'à voir les yeux de Monsieur Michalon par-dessus ses lunettes, il savait qu'il *devait* être interrogé et que ça allait mal se passer ! C'est alors que Monsieur Michalon a dit d'une voix de capitaine de corsaire :

– Thomas, montre-moi ton cahier !

Et Thomas a senti que la journée menaçait de devenir franchement catastrophique.
En tournant les pages du cahier, le maître est devenu tout rouge.
Il a hurlé à nouveau :
– Bon sang de bon sang de tonnerre de pas possible !
Et il a déchiré une à une toutes les pages du cahier. Il a même déchiré la couverture en plastique.
Parce que c'est un costaud, Monsieur Michalon !

326425
+349387
248193
+784327
+170456
+846678
978257
784421
+108775
+973213
2372182

Ensuite, le maître ne semblait plus tout à fait dans son état normal. Pour bien montrer qu'il ne faisait pas semblant d'être en colère, il a donné un énorme coup de poing sur son bureau... Et c'est à ce moment-là que le pire est arrivé : le bureau s'est écroulé, l'estrade s'est effondrée et Monsieur Michalon avec. Attirée par le vacarme, Madame Chapu, la maîtresse de la classe d'à côté, est apparue.

Quand elle a vu Monsieur Michalon
au milieu des morceaux de son
bureau et de l'estrade,
elle a carrément éclaté de rire.

Finalement, le maître s'est mis à rire aussi. Et tous les élèves ont enfin pu en faire autant ! La seule qui n'a pas eu l'air de trouver ça tellement drôle quand elle est venue voir ce qui se passait, c'était Madame la directrice.
Elle ne cessait de répéter :
– Qui va réparer ce bureau à présent ?

Le soir, quand le papa de Thomas est arrivé pour chercher son fils, après son travail, Monsieur Michalon lui a tout raconté. Thomas était très ennuyé. Heureusement que son père est menuisier et qu'il a proposé au maître de lui fabriquer une estrade et un bureau tout neufs ! A la fin de la conversation, le papa de Thomas et Monsieur Michalon avaient l'air plutôt copains...

13

Depuis ce jour, le maître a le plus beau bureau de toute l'école.
Il est même plus beau que celui de Madame la directrice.
Monsieur Michalon est redevenu patient et gentil.
Il appelle toujours les filles :
« Mes petites copines » et
les garçons : « Mes petits potes ».
Il ne dit plus qu'il va démissionner,

ni qu'il va prendre sa retraite ou
une assurance spéciale.
Il ne déchire plus les cahiers.
Il ne casse plus son bureau
ni l'estrade. Il est normal, quoi !

Un matin, dans la rue, Thomas l'a aperçu sur sa nouvelle Mobylette.
Comme il n'osait pas lui dire bonjour, c'est Monsieur Michalon qui a crié le premier sans tourner la tête :

– Ça va, Thomas ? Fais comme moi : regarde toujours devant toi !

Les as - tu lus ?

VIVE LA LECTURE
histoire vraie
Maman est débordée
Claude Clément / Isabelle Maquet
FLEURUS ENFANTS

VIVE LA LECTURE
histoire vraie
Le professeur est en colère
Claude Clément / Christel Desmoinaux
FLEURUS ENFANTS

VIVE LA LECTURE
l'Histoire est vraie
Baby-sitter de choc
Claude Clément / Christel Desmoinaux
FLEURUS ENFANTS

VIVE LA LECTURE
histoire vraie
Papa fait un régime
Claude Clément / Christel Desmoinaux
FLEURUS ENFANTS

VIVE LA LECTURE
histoire vraie
Un déjeuner mouvementé
Claude Clément / Christel Desmoinaux
FLEURUS ENFANTS

VIVE LA LECTURE
l'Histoire est vraie
Des vacances pas tristes
Claude Clément / Mèrel
FLEURUS ENFANTS

VIVE LA LECTURE
l'Histoire est vraie
Drôle de plombier
Claude Clément / Christel Desmoinaux
FLEURUS ENFANTS

VIVE LA LECTURE
l'Histoire est vraie
Grand-mère est un clown
Claude Clément / Gabriel Luer

VIVE LA LECTURE
l'Histoire est vraie
Papa n'aime pas les chats
Claude Clément / Nadine Soubrouillard
FLEURUS ENFANTS

VIVE LA LECTURE
l'histoire est vraie
Super Mamie
Claude Clément / Gabriel Luer
FLEURUS ENFANTS

VIVE LA LECTURE
l'histoire est vraie
Génial ! l'anniversaire de Juliette
Claude Clément / Christel Desmoinaux
FLEURUS ENFANTS

VIVE LA LECTURE
l'histoire est vraie
Le chien de personne
Claude Clément / Yves Lequesne

VIVE LA LECTURE
l'histoire est vraie
Quel malheur ! un enfant bricoleur
Claude Clément / Christel Desmoinaux
FLEURUS ENFANTS

VIVE LA LECTURE
l'histoire est vraie
Tante Lili est extra
Jacqueline Pierre / Bernadette Landais
FLEURUS ENFANTS

VIVE LA LECTURE
l'histoire est vraie
Tonton catastrophe
Claude Clément / Christel Desmoinaux
FLEURUS ENFANTS

VIVE LA LECTURE
l'histoire est vraie
Julia n'en rate pas une !
Claude Clément / Christel Desmoinaux
FLEURUS ENFANTS

VIVE LA LECTURE
l'histoire est vraie
Maman a peur des souris
Claude Clément / Bernadette Landais
FLEURUS ENFANTS

VIVE LA LECTURE
l'histoire est vraie
Panique dans l'ascenseur
Christel Desmoinaux
ENFANTS

Les as-tu lus ?

VIVE LA LECTURE
l'histoire est vraie
La classe de neige
Claude Clément / Gabriel Luer

VIVE LA LECTURE
l'histoire est vraie
Un Dimanche très agité
Claude Clément / Christel Desmoinaux

VIVE LA LECTURE
l'histoire est vraie
Qui va nous garder ?
Claude Clément / Christel Desmoinaux

VIVE LA LECTURE
l'histoire est vraie
Vive la colo !
Claude Clément / Christel Desmoinaux